NATIONAL GEOGRAPHIC

Peldaños

¡Di lo que piensas!

GÉNERO Artículo de Estudios Sociales **Lee para descubrir** sobre los métodos de comunicación a través del tiempo

Difundir las pa

por Barbara Keeler

La comunicación en los comienzos de la civilización

Nadie sabe cuándo los seres humanos comenzaron a **comunicarse,** pero debe haber sido hace aproximadamente 5,400 años. Sus primeros mensajes pueden haber sido en forma de arte rupestre.

Los pueblos primitivos usaban diferentes maneras de comunicarse a través de distancias cortas. Las señales de humo llegaban tan lejos como la vista, y los tambores sonaban tan lejos como el oído.

Probablemente ya se hablaba mucho antes de poder escribir. Sin la escritura, era difícil preservar mensajes y enviarlos a largas distancias. Un mensaje oral que pasaba de generación en generación era tan preciso como la memoria del ser humano que lo repetía. Incluso en la actualidad, ciertos idiomas no tienen forma escrita.

Después de que los primeros pueblos inventaron la escritura, las ideas pudieron preservarse, copiarse y enviarse a personas de otros lugares. La comunicación pudo **transmitirse** con precisión en el tiempo y entre lugares.

Este tipo de escritura antigua se llama *cuneiforme*. Se usaba en Mesopotamia.

Estas pinturas rupestres en Lascaux, Francia, tienen aproximadamente 17,000 años.

15,000 a. C. — **5000 a. C.**

aproximadamente 15,000 a. C.
pinturas rupestres más antiguas que se conocen, en Lascaux, Francia

aproximadamente 3200 a. C.
escritura más antigua en Mesopotamia

entre 3400 y 3200 a. C.
escritura egipcia más antigua

labras

Al principio, los mensajes escritos se grababan en superficies duras. Luego los egipcios inventaron hojas parecidas al papel a partir de la planta del papiro. Con un material de escritura más liviano, los mensajes podían llevarse fácilmente a través de cierta distancia.

Los egipcios comenzaron a usar un servicio postal aproximadamente en 2000 a. C. En aproximadamente 600 a. C., los persas usaban un sistema de mensajeros a caballo. Los jinetes trabajaban en postas y se detenían periódicamente a cambiar de caballo o pasar sus mensajes a otro jinete.

Las palomas también podían llevar mensajes más livianos. Los mesopotámicos ya usaban palomas mensajeras en 2500 a. C.

Los egipcios hacían el papiro, que se parecía al papel, con hojas de la planta del papiro.

Este texto maya antiguo se escribió entre 300 y 200 a. C.

aproximadamente 3000 a. C. Los egipcios usan hojas de papiro para escribir.

aproximadamente 2000 a. C. servicio postal en Egipto

2500 a. C. — **0**

2500 a. C. Palomas mensajeras llevan mensajes en Mesopotamia.

400 a 300 a. C. escritura más antigua que se conoce en Centroamérica

105 a. C. Se inventa el papel en China.

La imprenta difunde las palabras

Después de años de enrollar papiros, se comenzó a encuadernar páginas en libros. Los libros eran más fáciles de guardar y trasladar que los rollos de papiro.

Sin embargo, cada página de un libro tenía que escribirse a mano. Si alguien quería una copia de un libro, podía tomar años copiarlo. Por lo tanto, había pocos libros disponibles, y la mayoría de las personas no aprendían a leer.

En 1455, Johannes Gutenberg inventó una imprenta. Al contrario de la antigua xilografía, tenía tipos móviles, que podían formar una cantidad ilimitada de palabras. En menos tiempo de lo que tomaba copiar un libro a mano, las imprentas podían publicar miles de libros.

Esta placa de composición tipográfica gira, lo que le facilita a los impresores su uso.

100

Se inventan los bloques de impresión chinos.

1300

1295
Marco Polo regresa a Italia desde China y trae consigo la comprensión de la impresión con bloques de letras. Los italianos comienzan a usar los bloques de letras para imprimir.

1400

1455
Se inventa la imprenta.

Como resultado, más personas tenían acceso a la información. Y así, los libros se convirtieron en la principal herramienta de aprendizaje, y más personas aprendieron a leer.

También se hizo posible imprimir noticias y sucesos de actualidad. El primer periódico diario se publicó en 1650. Más tarde, cuando se inventó la máquina de escribir, se podía escribir mensajes más rápido que a mano. Según muchos historiadores, Mark Twain fue el primer autor que entregó el manuscrito de un libro escrito a máquina en 1883.

Gutenberg adaptó una prensa de aceite de oliva para crear su imprenta. Usó bloques de metal. Eran duraderos y fáciles de mover.

1650
Se publica el primer periódico en Leipzig, Alemania.

1874
Se ponen a la venta las primeras máquinas de escribir.

1700 | 1800 | 1900

Esta máquina de escribir se produjo alrededor de 1878. Fue el primer modelo que podía imprimir tanto letras en minúsculas como mayúsculas.

Las primeras telecomunicaciones

La difusión de mensajes aún era lenta y difícil incluso después de que se inventara la imprenta. Los mensajes orales o escritos solo podían viajar en personas, animales o botes. Por ejemplo, la Declaración de la Independencia se imprimió a comienzos de julio de 1776, pero no llegó a Inglaterra hasta el 10 de agosto de 1776.

En la década de 1830, los inventores usaban un telégrafo para transmitir mensajes por cable con señales conocidas como *código Morse*. Una persona que recibía las señales las traducía a palabras en un documento en papel llamado telegrama. Los mensajes podían enviarse a través del país. Pronto los cables unían todas las ciudades importantes de los Estados Unidos, y se colocaron cables bajo el océano Atlántico. Los periódicos podían publicar noticias de todo el mundo el mismo día en el que ocurrían los sucesos.

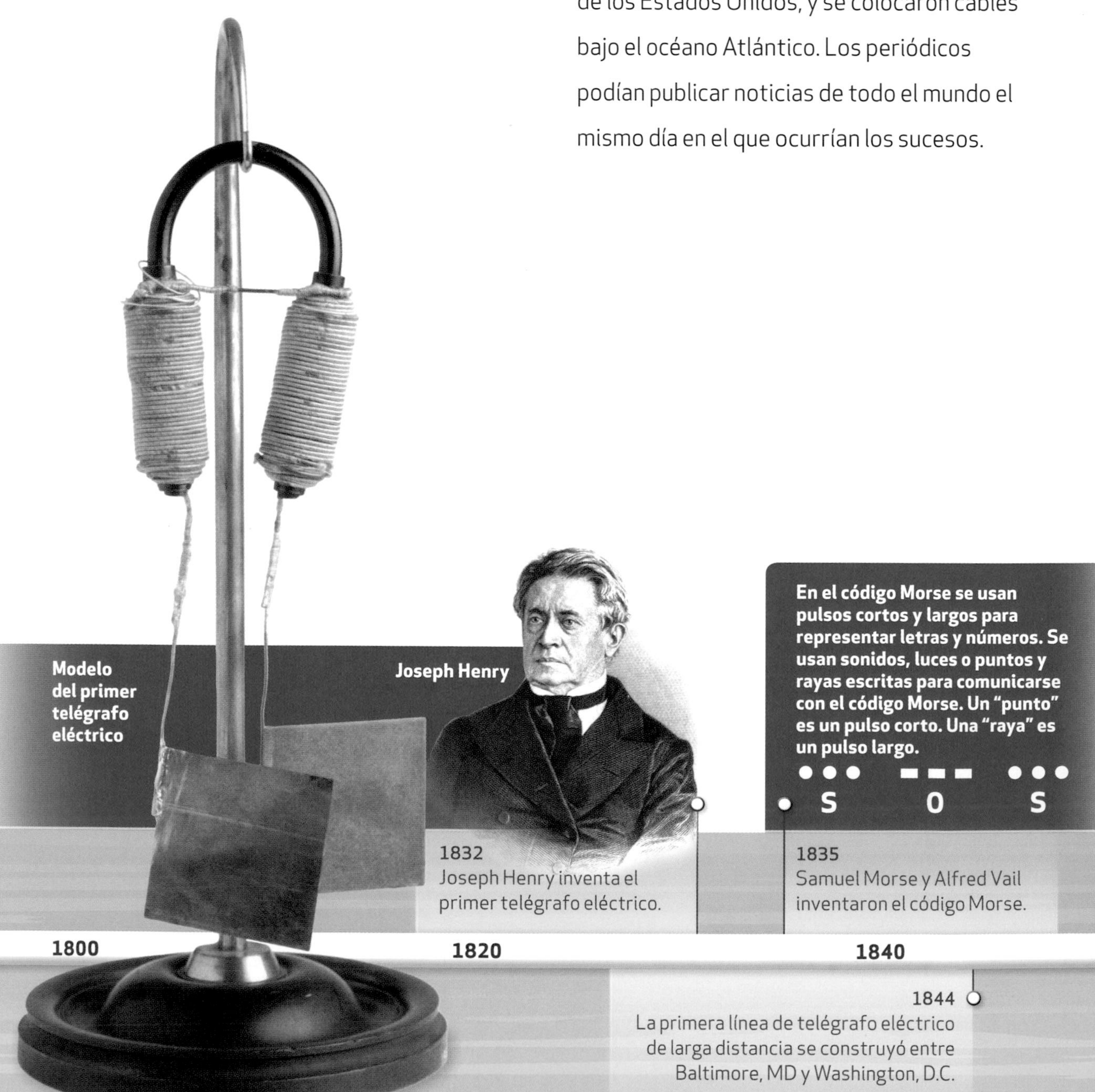

Modelo del primer telégrafo eléctrico

Joseph Henry

En el código Morse se usan pulsos cortos y largos para representar letras y números. Se usan sonidos, luces o puntos y rayas escritas para comunicarse con el código Morse. Un "punto" es un pulso corto. Una "raya" es un pulso largo.

1832
Joseph Henry inventa el primer telégrafo eléctrico.

1835
Samuel Morse y Alfred Vail inventaron el código Morse.

1844
La primera línea de telégrafo eléctrico de larga distancia se construyó entre Baltimore, MD y Washington, D.C.

Más adelante, ese siglo, otro invento hizo posible hablarle a alguien que estuviera a millas de distancia. En 1876, se reunió una multitud en una oficina de telégrafo y cantó en un receptor telefónico. En otra oficina que estaba a seis millas, el inventor del teléfono, Alexander Graham Bell, escuchaba.

Hacia 1880, había aproximadamente 30,000 teléfonos en uso en los Estados Unidos. Hacia 1915, las líneas telefónicas se extendían de costa a costa.

Tele-todo

Los nombres de los nuevos dispositivos de comunicación no eran un juego de palabras muy inteligente. Los inventores usaron partes de palabras griegas y latinas para darle nombre a sus dispositivos nuevos.

Tele- significa *distante* o *a través de una distancia; -gram* significa *escribir* o *anotar; fono* proviene de *fon* o *fono* y significa *sonido, voz* o *habla*.

Los primeros teléfonos tenían un único agujero para hablar y escuchar. Para llamar a otro teléfono, se introducía un dedo en el agujero y se raspaba una placa de metal. Si la otra persona oía que raspaban en el otro teléfono, respondía.

1860 **1880** **1900**

1876
primer llamado telefónico

1892
Alexander Graham Bell hace el primer llamado telefónico a través de los campos, de Nueva York a Chicago.

Comunicaciones actualizadas

El telégrafo y el teléfono podían enviar mensajes entre lugares conectados por cables. Pero no eran útiles en los viajes por mar. Durante el siglo XX, sin embargo, los científicos aprendieron a enviar mensajes sin cables por el aire. En 1901, se enviaron mensajes por telégrafo inalámbrico a través del océano Atlántico. En 1906, la transmisión vocal permitió a dos personas hablarse por radios inalámbricas, aunque estuvieran en barcos. El avance de enviar mensajes inalámbricos sentó las bases para desarrollar teléfonos inalámbricos portátiles.

Primero, las radios se usaron en conversaciones en los dos sentidos. Después de que una estación enviara **emisiones** radiales en un solo sentido a un público más numeroso, las personas compraron radios para su casa. Más adelante, los carros venían con radios instaladas. Las radios se convirtieron en una fuente importante de noticias. Los sucesos podían informarse en la misma hora a la que ocurrían. También se disfrutaba de emisiones radiales de música y entretenimiento.

Los modelos de radios posteriores eran suficientemente pequeños para ponerlos sobre la mesa. Como en la actualidad, hallar maneras de reducir el tamaño de los aparatos tecnológicos era un ejemplo de progreso tecnológico.

Las primeras radios se construyeron en gabinetes y permanecían en los rincones de la casa como muebles.

1900 — **1910** — **1920**

1906 primera emisión radial experimental

lanzamiento de la primera estación radial comercial

1921 primer partido de la Serie Mundial de Béisbol que se emite por radio

Difundir las palabras

Cuando se inventó la televisión, se pudo emitir películas y sonido. Las personas estaban asombradas por el televisor que se presentó en la Feria Mundial de 1939. Aún así, la radio estaba mucho más difundida.

Durante la siguiente década, a medida que la televisión se hacía más popular, también obtuvo el poder de influir. Los comerciales de televisión, las noticias y el entretenimiento comenzaron a formar las opiniones y las actitudes de las personas.

1939
Se presenta el primer televisor en la Feria Mundial de Nueva York.

A comienzos de la década de 1940, los televisores se hicieron más pequeños y ya no ocupaban espacio en las casas como los muebles grandes.

La era de las computadoras

Las computadoras revolucionaron la comunicación de nuevo. Los investigadores desarrollaron computadoras durante la Segunda Guerra Mundial. Muchas agencias gubernamentales usaban computadoras hacia fines de la década de 1960. Se podía hacer el trabajo más rápido y almacenarlo en la computadora. Aún así, no se podía acceder y compartir información escrita tan fácilmente como se quisiera. Para eso, se recurría a libros, periódicos y revistas publicados. Si no se poseía la fuente, se debía ir a una biblioteca. Eso fue así hasta que Internet estuvo disponible.

Las primeras computadoras eran enormes y costosas.

1946
primera computadora completamente electrónica para propósitos generales

1950

1960
Se crea el primer videojuego: *¡SpaceWar!*

1960

1969
Se crea la primera forma de Internet.

1970

1971
Se inventa el correo electrónico, o *e-mail*.

Difundir las palabras

Durante la década de 1960, los investigadores desarrollaron un sistema para compartir con cables la información de las computadoras. En 1969, crearon una primera forma de Internet. Y las computadoras de las agencias gubernamentales y las universidades comenzaron a compartir datos. Hacia 1971, los ingenieros habían creado el correo electrónico, o *e-mail*. Con las computadoras posteriores se podían compartir datos sin cables. También tomaba forma una visión de las computadoras portátiles. La DynaBook fue una idea de computadora portátil para niños, pero nunca se produjo. A comienzos de la década de 1980, se produjeron y se vendieron las primeras computadoras portátiles.

En la década de 1990, una **red** mundial de computadoras desarrolladas para compartir datos lanzaron la *World Wide Web*. Los proveedores de servicios de red conectaron millones de negocios y casas entre sí.

La computadora personal e Internet transformaron el mundo. Se podía obtener más información más rápido que nunca antes. Se usaba Internet para investigar, comprar y enviar mensajes. Se jugaban juegos en Internet y se creaban sitios Web.

Internet también puso a disposición la "computación en la nube". Al principio, la computación en la nube se usaba para la correspondencia electrónica y para almacenar datos en Internet. Más adelante incluyó el uso de programas y aplicaciones en Internet.

Con Internet, se pudo llegar a un público más amplio. Para publicar en medios impresos, un escritor tiene que superar la barrera del "guardián", alguien que elige qué se imprime. Los sitios Web ahora permiten evitar a los "guardianes" y comunicarse instantáneamente con un público amplio.

1983
Una importante tienda de electrónica de los EE. UU. vende una computadora portátil a batería.

1984
Se vende el primer teléfono celular a $3,995 con media hora de tiempo para hablar.

1980
Las primeras computadoras personales de fines de la década de 1970 tenían teclados incómodos y pantallas pequeñas.

1990
El diseño de las computadoras de escritorio de los 90 incluía un teclado y una pantalla que eran cómodos para la mayoría de los usuarios aunque las teclas eran voluminosas y el monitor era pesado.

De tu mano al mundo

El desarrollo de las computadoras personales, el correo electrónico e Internet en los 70, los 80 y los 90 guió la tecnología de las comunicaciones en el nuevo milenio. Las computadoras portátiles se volvieron más livianas y más poderosas. La primera computadora estilo *tablet* apareció en las tiendas en 2002, pero no se hizo popular hasta después de 2009.

Al comienzo del nuevo milenio, los teléfonos celulares eran el dispositivo de comunicación más moderno. La vida era muy distinta antes de que el uso de los teléfonos celulares se extendiera tanto. No se podía llamar a amigos o familiares que estuvieran de viaje o no estuvieran en casa desde una línea telefónica. Las personas que estaban perdidas o en un accidente no podían llamar a nadie que los ayudara. Los familiares ocupados no podían comunicarse fácilmente entre sí. Para llamar a casa debían depositar monedas en un teléfono público.

En la actualidad los teléfonos celulares son tan pequeños y accesibles que la mayoría de los estadounidenses los llevan consigo. Muchas casas ya no tienen líneas terrestres para la comunicación telefónica. Con los teléfonos celulares se pueden enviar mensajes de texto y tomar fotos o filmar videos. Los teléfonos celulares más nuevos, llamados *smartphones*, caben en el bolsillo y funcionan como teléfono, cámara y computadora con acceso a Internet. Las aplicaciones permiten comprar, mirar películas, oír música, hacer investigaciones y mantenerse en contacto por voz o texto.

La tecnología más actual cambió la manera en la que los usuarios disfrutan de la música, leen por placer y socializan.

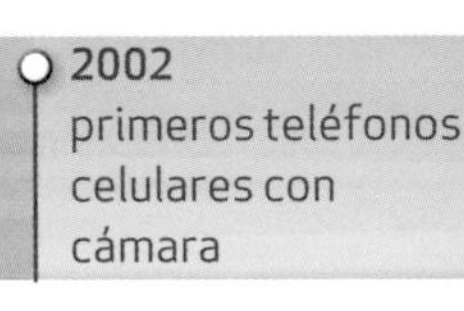

Los teléfonos celulares suelen usarse para tomar y enviar fotos.

2000

2002
primeros teléfonos celulares con cámara

2003
Las bibliotecas comienzan a ofrecer descargas gratis de libros electrónicos.

2005

Lector de tinta electrónica de primera generación

2004
primer dispositivo de lectura de libros electrónicos basado en tinta electrónica

Difundir las palabras

Con Internet, hay nuevas maneras de compartir opiniones, noticias, cuentos y fotos. Es posible publicar experiencias personales con el uso de *blogs* y medios sociales. Las personas pueden conectarse con amigos y familiares en cualquier momento, independientemente de dónde vivan.

Desde los primeros esfuerzos de comunicación, se ha transformado el proceso con inventos. Los sistemas de escritura y las imprentas nos cambiaron la vida. El telégrafo, el teléfono, la radio y la televisión enviaban mensajes a todo el mundo. Internet llevó a las personas a una era de comunicación, información y entretenimiento instantáneo. Nadie sabe qué deparará el futuro. Lo que es seguro es que los dispositivos que usamos para comunicarnos continuarán evolucionando, y nuevos inventos surgirán a partir de los dispositivos que ahora llevamos en una mochila, el bolsillo o la mano.

Con la llegada de las pantallas *táctiles*, los usuarios de *tablets* pueden hacer con toques de dedos lo que solían hacer con teclados.

Los adolescentes y los adultos se comunican tanto o más con mensajes de texto cortos. Los usuarios suelen decidir escribir en lugar de hablar.

2010

2011
Se usa un *smartphone* por primera vez en una nave espacial.

Compruébalo ¿Qué te sorprendió sobre los inventos del pasado en comunicación?

GÉNERO Artículo de Historia

Lee para descubrir sobre los mensajes orales que hicieron historia.

El poder del discurso

por John Manos

Unificar una nación

Los discursos tienen un poder tremendo. Un buen orador puede conmover a las personas de una manera única. A menudo, no solo es la manera en la que un orador dice un discurso lo que lo hace histórico, sino también los sucesos que ocurren en el mundo en ese momento.

Una buena oratoria, o manera de hablar, no es un talento de todo líder. Pero una tarea de los funcionarios electos es unificar una nación en tiempos de crisis. Estos son momentos en los que toda una nación debe reunirse. Es en estos momentos cuando más se necesita el poder de un discurso. A lo largo de la historia, se han dado muchos discursos memorables en tiempos de **crisis.**

En una época conocida como *La gran depresión*, un cuarto de los estadounidenses perdieron su trabajo. Se pensaba que la prosperidad no regresaría más. Fue en esta época que se eligió a Franklin Delano Roosevelt como presidente. FDR, como se lo conocía, dio su discurso **inaugural** el 4 de marzo de 1933. Se emitió en todo el país. Todavía se sigue citando una sola frase del discurso:

"Lo único a lo que debemos temer es al miedo mismo".

Durante la Depresión, se hacían largas colas para pedir alimento. Una de cada cuatro personas no tenía trabajo.

FDR combinó el poder del discurso con una importante herramienta de **comunicación** de la época: la radio. El uso de la radio se estaba extendiendo, y los discursos radiales de FDR se conocían como "Charlas hogareñas". Los estadounidenses sentían que conocían al Presidente casi como a un amigo personal. FDR hablaba de tal manera que ofrecía seguridad y alivio, pero también ánimo. FDR les pedía a los oyentes que se comunicaran con él en respuesta a sus discursos. Y eso hacían. Se enviaron y se recibieron millones de cartas. Roosevelt usó el poder de su voz y un lenguaje que todos pudieran entender. Usó cuentos y analogías. Ayudó a animar a los ciudadanos durante una época devastadora. Y como preparaba las emisiones de radio con tanta dedicación, los ciudadanos lo respetaban. FDR elegía palabras que daban un sentido de identidad nacional, donde todos estaban en el mismo equipo, y se tenía esperanza en sus palabras: *"Juntos, no podemos fallar"*.

Roosevelt dio 31 discursos radiales en vivo durante su presidencia.

Los discursos también pueden unificar a las personas en tiempos de celebración. Esos discursos suelen enfocarse en un sentido compartido de propósito. Muchos discursos que se dan para **conmemorar** un suceso se convierten en un grito de reunión para toda una población. En 1962, a los 43 años, John Fitzgerald Kennedy se convirtió en la persona más joven que se eligiera como presidente. Traía una energía juvenil en su discurso inaugural:

"Dejemos aquí y ahora que corra la voz, a nuestros amigos y enemigos por igual, de que la antorcha ha pasado a una nueva generación de estadounidenses".

En su discurso, Kennedy describió los desafíos a los que se enfrentaba el país, y convocó a todos a asumir esos desafíos. Al final del discurso, dijo unas palabras que suelen citarse:

"Entonces, compatriotas, no preguntes qué puede hacer su país por ustedes, pregunten qué pueden hacer ustedes por su país".

Presidente Barack Obama

Los discursos que unifican a una nación pueden reunirnos para conmemorar primicias históricas. El 20 de enero de 2009, Barack H. Obama se convirtió en el primer afro-americano elegido presidente de los Estados Unidos. Ese día, habló ante dos millones de personas en Washington, D.C. Recordó el peregrinaje de los primeros estadounidenses y les pidió a los estadounidenses que hicieran lo mismo:

". . . han sido los arriesgados, los hacedores, los creadores de cosas. . . quienes nos han llevado por el largo y accidentado camino hacia la prosperidad y la libertad. . . Este es el viaje que continuamos hoy".

Derechos humanos y civiles

Algunos discursos marcan un momento en la historia, como cuando un nuevo presidente asume. Un gran discurso también puede cambiar la historia. Esto es especialmente cierto en la lucha por obtener derechos humanos y civiles.

El discurso "Tengo un sueño" se considera uno de los discursos por los derechos civiles más importantes de la historia de los EE. UU. Martin Luther King Jr. dio este discurso el 28 de agosto de 1963, cuando los ciudadanos afroamericanos eran libres de la esclavitud, pero se les negaban libertades básicas en muchas partes del país. El Dr. King ofreció una visión de esperanza y cambio. Su discurso ayudó a reformar el rumbo de toda nuestra sociedad estadounidense:

"Sueño que un día esta nación se levantará y vivirá el verdadero significado de su credo: "Afirmamos que estas verdades son evidentes: que todos los hombres son creados iguales".

Sueño que un día, en las rojas colinas de Georgia, los hijos de los antiguos esclavos y los hijos de los antiguos dueños de esclavos, se puedan sentar juntos a la mesa de la hermandad".

"Sueño que mis cuatro hijos vivirán un día en un país en el cual no serán juzgados por el color de su piel, sino por los rasgos de su personalidad".

Mahatma Gandhi, de la India, era uno de los héroes del Dr. King. Gandhi creía que la única manera de obtener derechos civiles era a través de medios no violentos. El 8 de agosto de 1942, en Bombay (en la actualidad, Mumbai) describió sus objetivos:

Mahatma Gandhi

"La nuestra no es una acción por el poder, sino puramente una lucha no violenta por la independencia de la India. . . En la democracia que he concebido, una democracia establecida de manera no violenta, habrá libertad equitativa para todos. Cada uno será su propio amo".

Grandes hazañas y barreras rotas

Sandra Day O’Connor

Los logros, los sucesos importantes y las barreras que se rompen llevan a grandes discursos. Conmemoramos los logros a través de discursos cuando ocurren y después cuando se los recuerda.

En 1981, el Presidente Ronald Reagan nominó a Sandra Day O’Connor como la primera mujer miembro de la Corte Suprema de Justicia en la historia de los EE. UU. En 2004, O’Connor se describió a sí misma como “una vaquera del este de Arizona” y explicó que la nominación “. . . *fue para las mujeres de todas partes. Fue para una nación que iba camino a zanjar un abismo entre los géneros que nos había dividido por mucho tiempo*”.

Algunas barreras son tanto físicas como políticas. Por ejemplo, el Muro de Berlín se construyó el 13 de abril de 1961, durante una época que se conoció como *La Guerra Fría*. El 12 de junio de 1987, el presidente Ronald Reagan dio un discurso ante la puerta principal del Muro de Berlín. Les habló a personas que estaban detrás del Muro, que solo podían oír su discurso **transmitido** a través de emisiones radiales ilegales. Exhortó al líder de la Unión Soviética, Mikhail Gorbachev, a que produjera un cambio profundo y le anunció: *"Secretario General Gorbachev, si busca la paz, si busca la prosperidad de la Unión Soviética y Europa del Este, si busca la liberalización: ¡Venga a esta puerta!".*

El discurso de Reagan señaló el comienzo del fin del comunismo en Europa. Dos años después, se derribó el Muro.

"Sr. Gorbachev, ¡abra esta puerta! Sr. Gorbachev, ¡derribe este muro!".

Las voces de las mujeres

Sojourner Truth

A lo largo de la historia, grandes discursos inspiraron a muchos a celebrar o actuar de una nueva manera. Muchos de estos discursos fueron dados por hombres. Pero muchos también fueron dados por mujeres, y no solo las que tenían cargos políticos. Mujeres que eran ciudadanas comunes hicieron historia comunicándose en su propio estilo.

Sojourner Truth nació en esclavitud y cuando finalmente fue libre, habló con frecuencia de los derechos de todas las personas, especialmente las mujeres. En 1851 dio un discurso no planificado en una convención de derechos de las mujeres. Uno de los asuntos del día fue si la mujer debía votar en una elección política.

Después de una vida de arduo trabajo en el campo, Sojourner Truth sabía que tenía las mismas capacidades que los hombres. "*¡Mírenme! ¡Miren mi brazo!*", dijo. "*He arado y plantado, y acopiado en los graneros, ¡y ningún hombre pudo dirigirme!*". Esto significaba que ningún hombre pudo superarla. En esa época, si se permitía votar a las mujeres, existía el interés de que solo se les permitiera esto a las mujeres blancas. Sojourner Truth quería comunicar que todas las mujeres, blancas y negras, debían tener el derecho a votar. Agregó pensativamente: "*Y yo, ¿no soy una mujer?*".

El Presidente Obama nominó a Hillary Rodham Clinton para la función de Secretaria de Estado de los EE. UU. en 2009. Antes de cumplir esta función, Clinton había sido Primera Dama y Senadora de los EE. UU. Una de las tareas de la Secretaria de Estado es hablar a líderes y diplomáticos internacionales. Al hacerlo, la Secretaria de Estado transmite los mensajes y políticas de los Estados Unidos al mundo. En sus primeros tres años como Secretaria de Estado, Clinton viajó a más de 90 países y habló con frecuencia sobre el bienestar de las mujeres y las niñas. En 2011, en una reunión enfocada en las mujeres, la paz y la seguridad, Clinton dijo: *"Muchas de nosotras hemos intentado mostrarle al mundo que las mujeres no son solo víctimas de las guerras; son agentes de la paz"*. En este discurso, Clinton usó su función como diplomática para educar e informar. Ha enunciado que las mujeres son decisivas para producir cambios que mejoren la vida de todos.

Hillary Rodham Clinton

"... cuando las mujeres se organizan en grandes números, impulsan opinión y ayudan a cambiar el curso de la historia".

Las palabras hoy y mañana

La palabra hablada tiene el poder de conmovernos. Los discursos pueden persuadir, entretener, informar e inspirar. Como en el pasado, grandes momentos del futuro serán memorables a través de las palabras de futuros líderes y personas comunes que se dedican a hacer que la vida de los demás sea mejor.

"Las mujeres deben intentar hacer cosas como lo han intentado los hombres. Cuando fallen, su fracaso no debe ser más que un desafío para los demás".

—**Amelia Earhart,** aviadora

"... se puede tener un sueño, se pueden tener luchas, pero se pueden superar esas luchas a través de la perseverancia y los mentores correctos en la vida y tomando decisiones correctas".

—**John Herrington,** astronauta

"Tu trabajo llenará una gran parte de tu vida, y la única manera de estar verdaderamente satisfecho es hacer lo que crees que es un gran trabajo. Y la única manera de hacer un gran trabajo es amar lo que haces".

—**Steve Jobs,**
desarrollador de tecnología

"Si obtienes, da. Si aprendes, enseña".

—**Maya Angelou,** poetiza

"La vida no es un deporte de espectadores. . . Si usted va a pasar toda su vida en la tribuna simplemente observando lo que sucede, opino que está desperdiciando su vida".

—**Jackie Robinson,** jugador de béisbol y activista por los derechos humanos

Compruébalo ¿Por qué razones se han dado discursos a través de la historia?

GÉNERO Artículo práctico

Lee para descubrir cómo planificar una presentación.

Cómo planificar una presentación

por James Weber

¿Así que debes preparar una presentación para tus compañeros o un grupo de familiares? ¡Esta es una guía para hacerlo y que salga bien! Hablar ante un público pone nerviosos a casi todos. Elegir un tema que te encanta, prepararlo con una buena investigación y unos cuantos elementos gráficos, y practicar tu presentación te asegurará un buen desempeño. Incluso puedes ser capaz de persuadir, informar, entretener y demostrar todo en una presentación. Una **comunicación** clara es parte de muchos trabajos y muchas profesiones requieren cierto grado de oratoria en público. Sentirse cómodo hablando delante de un público es, en la actualidad, una gran manera de prepararse para el futuro.

La palabra jeroglífico proviene de dos palabras griegas que significan *sagrado* y *traducciones*. La inscripción jeroglífica más antigua quizá se escribiera alrededor de 3400 a. C. En el siglo IV d. C., un emperador romano cerró todos los templos egipcios donde podían leerse muchas inscripciones. Los significados de los jeroglíficos no pudieron descifrarse de nuevo hasta comienzos del siglo XIX.

Puedes pedirle a tu público que intente escribir un mensaje en jeroglíficos.

1 Elegir el tema

Si tu presentación es una tarea, quizá debas cumplir con ciertos criterios. Sin embargo, desarrollar una presentación sobre un tema que te interesa o del que sabes mucho es la mejor manera de comenzar. Aquí va un ejemplo: *Mensajes codificados a lo largo de la historia.* Tu presentación podría basarse en el tema más amplio de los códigos para hablar de la comunicación antigua que estaba en código, como los jeroglíficos. Puedes describir el código Morse, las banderas náuticas y otros códigos de comunicación actuales. Puedes reducir tu tema para hacerlo más específico. Un tema bien enfocado te ayuda con tus investigaciones y tus notas.

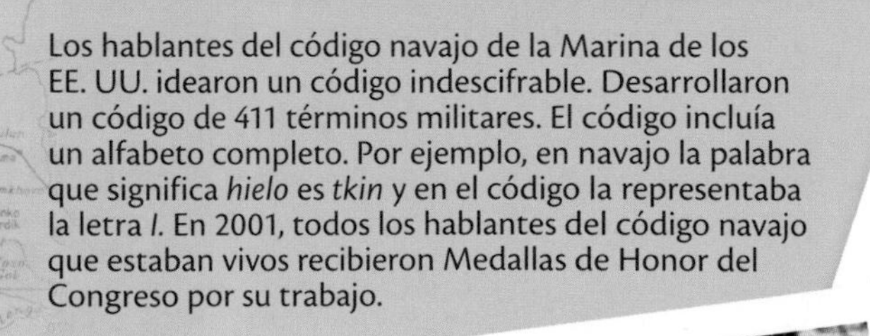

Los hablantes del código navajo de la Marina de los EE. UU. idearon un código indescifrable. Desarrollaron un código de 411 términos militares. El código incluía un alfabeto completo. Por ejemplo, en navajo la palabra que significa *hielo* es *tkin* y en el código la representaba la letra *I*. En 2001, todos los hablantes del código navajo que estaban vivos recibieron Medallas de Honor del Congreso por su trabajo.

2 Planificar e investigar

Deberás desarrollar tu presentación con investigación. Una buena investigación te ayudará a **articular** la información más interesante. Enfócate en tu tema y propósito, y busca detalles interesantes que entretendrán y educarán a tu público.

Por ejemplo, tus oyentes quizá no sepan que los indígenas navajo estadounidenses fueron "hablantes de código" durante la Segunda Guerra Mundial. Puedes explicar cómo se habla en código y contar cuándo ha sido útil. O puedes demostrar una serie de intercambios en código Morse. Incluso puedes persuadir a tu público de que el uso actual de los mensajes de texto es una forma de hablar en código.

Aunque en tu presentación estarás hablando, deberás escribir un poco para prepararte. Deberás encontrar el mejor orden, o curso, de tu información. Por lo tanto, si tu presentación es histórica, una buena opción es ordenar tu información cronológicamente.

Comienza con los códigos antiguos y sigue el trayecto hasta el presente. Además, piensa en cómo atraer a tu público. ¿Qué llamará la atención de tu público? Puedes comenzar con un ejemplo, como un código interesante de la historia. O podrías reproducir una muestra de pitidos del código Morse o una grabación

Puedes crear un código con un dial de código. Sustituye una letra del alfabeto por otra. Deletrea la palabra nueva. Fíjate si los miembros del público pueden descifrar el código.

de los hablantes del código navajo. Luego deberás encontrar una manera de regresar al curso cronológico.

Escribe notas de discurso y edita, como lo harías con una tarea escrita. Usa tu investigación para hallar la información que presentarás. Tipea información o usa tarjetas que puedas tener durante la presentación. Repasa tus notas finales y deja fuera los detalles que no sean lo más importante, y planifica un final llamativo para tu presentación.

Piensa en los materiales y los elementos gráficos. ¿Tu público querrá participar? Si es así, brinda papel y bolígrafos para que intenten escribir o descifrar el código. ¿Un elemento gráfico claro te ayudará a propulsar tu presentación? Diseña algo que sea fácil de usar. Ten cuidado con los elementos gráficos que sean difíciles de mostrar. Haz copias de las hojas sueltas con anticipación y prueba todos los enlaces a sitios Web.

Estas banderas se usan como alfabeto naval internacional. Como en otros alfabetos codificados, cada bandera representa un término. A veces la misma bandera representa una letra. Por ejemplo, la bandera a rayas azules y amarillas representa *Golf*. Este término significa "Necesito un piloto". También representa la letra G.

3 Practicar

Reúne todos tus materiales, incluidas tus notas. Ahora usa tu voz. Practica leer tus notas y habla fuerte y claro, como lo harás en la presentación. Practica las pronunciaciones difíciles. Cuando practiques, demuestra emoción e interés con el uso de la comunicación no verbal. Los gestos y las expresiones faciales pueden denotar información y entusiasmo.

Recuerda el propósito de tu discurso y elige tu tono. Por ejemplo, si quieres informar o demostrar, sé serio e informativo. Si te sientes cómodo agregando humor, usa un tono más suave.

Pase lo que pase, sé tú mismo y tu público lo apreciará. Ser sincero y mostrar interés en el tema son herramientas de persuasión poderosas.

Pide a un amigo o un familiar que te mire mientras practicas y pídele que te señale gestos que distraigan a la audiencia, como moverse nerviosamente. También puedes practicar frente a un espejo o, si es posible, grabarte.

¡Ahora puedes lanzar tu profesión como presentador! Sea cual sea tu tema, puedes planificar y dar una presentación encantadora si sigues estos pasos de buena oratoria en público.

Lleva útiles para que tus oyentes hagan una bandera náutica. Comparte los significados de los colores y las franjas. Fíjate si el grupo puede leer sus significados.

Consejos útiles

Relájate. Respira profundo para calmar tus nervios.

Sonríe. Antes de que comiences a hablar, sonríe y agradece a tu público. Esto **transmitirá** un humor cálido y amistoso.

Proyecta tu voz. Habla lentamente y con claridad. Comienza con un saludo: "buenos días", "buenas tardes" o incluso "hola".

Establece contacto visual. Observa todo el salón con calma. Cuando hables, mira directamente a cada oyente unos segundos.

Ten confianza. Si te comportas como si hablaras desde una posición de autoridad, llevarás el control y serás un presentador efectivo.

Compruébalo ¿Por qué es importante planificar una presentación?

Comenta Ideas

1. ¿Qué conexiones puedes establecer entre las tres lecturas de *¡Di lo que piensas!*? ¿Cómo se relacionan las lecturas?

2. "Difundir las palabras" y "El poder del discurso" presentan información histórica. ¿Cómo organiza el texto el escritor de cada selección? ¿En qué se parece y se diferencia cada texto?

3. Usa la información de "Difundir las palabras" para compartir maneras en las que los dispositivos de comunicación cambiaron con el tiempo. ¿Qué cambios crees que sucederán en el futuro?

4. Observa las citas coloridas que se ubican a lo largo de "El poder del discurso". Elige una o dos que más te gusten. ¿Qué te atrae de la cita?

5. En "Cómo planificar una presentación" el escritor sugiere actividades relacionadas a los códigos que el público podría probar. ¿Cuál te gustaría probar y por qué?

6. ¿Qué preguntas tienes sobre los dispositivos de comunicación a través de la historia? ¿Sobre qué quieres aprender más aún?